MÉTHODE

INGÉNIEUSE,

ou

ALPHABET

SYLLABIQUE

Pour apprendre à lire aux Enfans.

Nouvelle édition, augmentée du Testament de S. M. LOUIS XVI, Roi de France, et de celui de son Auguste Épouse.

BORDEAUX,

CHEZ CHARLES LAWALLE NEVEU, LIBRAIRE,
ALLÉES DE TOURNY, N°. 20.

1835.

Chiffres Arabes.

1, 2, 3, 4, 5, 6, 7, 8, 9, 10, 20, 30, 40, 50, 60, 70, 80, 90, 100, 200, 300, 400, 500, 600, 700, 800, 900, 1000, 2000.

Chiffres Romains.

I, II, III, IV, V, VI, VII, VIII, IX, X, XX, XXX, XL, L, LX, LXX, LXXX, XC, C, CC, CCC, CCCC, D, DC, DCC, DCCC, DCCCC, M, MM.

Imp. d'Hon. Gazay et Cⁱᵉ, rue du Pas-Saint-Georges, 27.

Au nom du Père, et du Fils, et du Saint-Esprit. Ainsi soit-il.

Majuscules Romaines.

✠ A B C D E F
G H I J K L M
N O P Q R S T
U V X Y Z AE
OE W Ç.

Majuscules Italiques.

A B C D E F G H
I J K L M N O P
Q R S T U V X Y
Z Æ OE W Ç É.

Autres Majuscules Romaines.

A B C D E F G H I J K L M N O P Q
R S T U V X Y Z Æ OE W Ç É È Ê.

Mêmes Majuscules Italiques.

A B C D E F G H I J K L M N O P
Q R S T U V X Y Z Æ OE W Ç É È Ê.

Lettres ordinaires Romaines.

a b c d e f g h i j k l m n o p q
r ſ s t u v x y z.

Lettres ordinaires Italiques.

a b c d e f g h i j k l m n o p q r ſ s t u v x y z.

Consonnes.

b c d f g h j k l m n p q r s t v x z.

Diphtongues.

æ œ ai au ei eu ay.

Lettres doubles.

ct ſt ſb ff ff fl fl ffl fi ffi fi ffi w &.

Voyelles............	a e i o u y.
Idem *circonflexes*..	â ê î ô û.
Idem *aiguës*........	á é í ó ú.
Idem *graves*........	à è ì ò ù.
Idem *tréma*.........	ë ï ü.
Ponctuations	. , ; : ' ? !

Lettres d'Abréviations.

ā ḗ ī ō ū m̄ ñ

Exemples des Abréviations, et la manière d'y employer les lettres.
{
ā am an.
ḗ em en.
ī im in.
ō om on.
ū um un us.
}

ALPHABETS

EN DIFFÉRENS CARACTÈRES,
Et la véritable manière de prononcer les consonnes.

Romain.	Prononc.	Italique.	Capitale.
a		*a*	A
b	be	*b*	B
c	ce que	*c*	C
d	de	*d*	D
e		*e*	E
f	fe	*f*	F
g	ge gue	*g*	G
h	he	*h*	H
i		*i*	I
j	je	*j*	J
k	ke	*k*	K
l	le	*l*	L
m	me	*m*	M
n	ne	*n*	N
o		*o*	O
p	pe	*p*	P
q	que	*q*	Q
r	re	*r*	R
ſ	ſe ze	*ſ*	S
s		*s*	S
t	te st	*t*	T
u		*u*	U
v	ve	*v*	V
x	kse gze	*x*	X
y	i ye	*y*	Y
z	ze	*z*	Z

SYLLABES.

a	e	i	o	u
ba	be	bi	bo	bu
ca	ce	ci	co	cu
da	de	di	do	du
fa	fe	fi	fo	fu
ga	ge	gi	go	gu
ha	he	hi	ho	hu
ja	je	ji	jo	ju
la	le	li	lo	lu
ma	me	mi	mo	mu
na	ne	ni	no	nu
pa	pe	pi	po	pu
qua	que	qui	quo	quu
ra	re	ri	ro	ru
sa	se	si	so	su
ta	te	ti	to	tu
va	ve	vi	vo	vu
xa	xe	xi	xo	xu
ya	ye	yi	yo	yu
za	ze	zi	zo	zu

AUTRES SYLLABES.

ab	ad	af	al	am	an	as	au
bac	bal	bam	ban	bar	bas	bat	bau
cab	cal	cam	can	car	cas	cat	cau
dac	dal	dam	dan	dar	das	dat	dau
eb	el	em	en	er	es	et	eu
fac	fal	fam	fen	fer	fes	fet	fau
gac	gel	gam	gen	ger	ges	get	gau
hac	hal	ham	hen	her	hes	het	hau
jac	jal	jam	jen	jer	jes	jet	jau
kac	kal	kam	kan	kar	kas	kat	kau
lac	lal	lam	lan	ler	les	let	lau
mac	mal	mam	man	mer	mes	mat	mau
nac	nal	nam	nan	ner	nes	net	nau
oc	ol	om	on	or	os	ot	ou
pac	pal	pam	pan	par	pas	pat	pau
quac	qual	quam	quan	quor	quos	quat	quau
rac	ral	ram	ren	ror	ras	rat	rau
sac	sed	sam	sen	sor	sas	sat	sau
tac	taf	tam	ten	tor	tas	tat	tau
vac	vec	vic	voc	vom	ven	vaf	vau
xac	xec	xic	xoc	xom	xen	xaf	xau
yac	yec	yic	yoc	yom	yen	yaf	yau
zac	zec	zic	zoc	zom	zen	zaf	zau

L'ORAISON

DOMINICALE.

No-tre : Pè-re : qui : ê-tes : dans : les : Ci-eux : Vo-tre : Nom : soit : sanc-ti-fi-é : Vo-tre : Ro-yau-me : nous : a-vi-en-ne : Vo-tre : vo-lon-té : soit : fai-te : en : la : ter-re : com-me : au : Ci-el : Don-nez : nous : au-jour-d'hui : no-tre : pain : quo-ti-di-en : Et : nous : par-don-nez : nos : of-fen-ses : com-me : nous : par-don-nons : à : ceux : qui : nous : ont : of-fen-sés : Et : ne : nous : lais-sez : point : suc-com-ber : à : la : ten-ta-ti-on : Mais : dé-li-vrez : nous : du : mal : Ain-si : soit-il.

La : Sa-lu-ta-ti-on : An-gé-li-que.

Je : vous : sa-lu-e : Ma-ri-e : plei-ne : de : grâ-ce : le : Sei-gneur : est : a-vec : vous : vous : ê-tes : bé-ni-e : sur : tou-tes : les : fem-mes : et : Jé-sus : le : fruit : de : vo-tre : ven-tre : est : bé-ni : Sain-te : Ma-ri-e : Mè-re : de : Di-eu : pri-ez : pour : nous : pau-vres : pé-cheurs : main-te-nant : et : à : l'heu-re : de : no-tre : mort : Ain-si : soit-il.

Le : Sym-bo-le : des : A-pô-tres.

Je : crois : en : Di-eu : le : Pè-re : Tout-Puis-sant : Cré-a-teur : du : Ci-el : et : de : la : ter-re : et : en : Jé-sus-Christ : son : Fils : u-ni-que : no-tre : Sei-gneur : Qui : a : é-té : con-çu : du : Saint-Es-prit : né : de : la : Vi-er-ge : Ma-ri-e : Qui : a : souf-fert : sous : Pon-ce-Pi-la-te : a : é-té : cru-ci-fi-é : mort : et : en-se-ve-li : Est : des-cen-du : aux : En-fers : Le : troi-si-è-me : jour : est : res-sus-ci-té :

de : mort : à : vi-e : Est : mon-té : aux : Ci-eux : Est : as-sis : à : la : droi-te : de : Di-eu : le : Pè-re : Tout-Puis-sant : D'où : il : vien-dra : ju-ger : les : vi-vans : et : les : morts :

Je : crois : au : Saint-Es-prit : la : Sain-te : E-gli-se : Ca-tho-li-que : la : com-mu-ni-on : des : Saints : la : ré-mis-si-on : des : pé-chés : la : ré-sur-rec-ti-on : de : la : chair : la : vi-e : é-ter-nel-le : Ain-si : soit-il.

La : Con-fes-si-on : des : Pé-chés.

JE : me : con-fes-se : à : Di-eu : Tout-Puis-sant : à : la : Bi-en-heu-reu-se : Ma-rie : tou-jours : Vi-er-ge : à : Saint : Mi-chel : Ar-chan-ge : à : Saint : Jean-Bap-tis-te : aux : A-pô-tres : Saint : Pi-er-re : et : Saint : Paul : à : tous : les : Saints : par-ce : que : j'ai : pé-ché : par : pen-sé-es : par : pa-ro-les : et : œu-vres : par : ma : fau-te : par : ma : fau-te : par : ma : très-gran-de : fau-te : C'est : pour-quoi : je : pri-e : la : Bi-en-heu-reu-se : Ma-ri-e : tou-jours : Vi-er-ge : Saint-Mi-chel : Ar-chan-ge : Saint : Jean-Bap-tis-te : les : A-pô-tres : Saint : Pi-er-re : et : Saint : Paul : et : tous : les : Saints : de : pri-er : pour : moi : en-vers : le : Sei-gneur : no-tre : Di-eu : Ain-si : soit-il.

Que : le : Di-eu : Tout-Puis-sant : nous : fas-se : mi-sé-ri-cor-de : qu'il : nous : par-don-ne : nos : pé-chés : et : nous : con-dui-se : à : la : vi-e : é-ter-nel-le : Ain-si : soit-il.

Que : le : Sei-gneur : Tout-Puis-sant : et : mi-sé-ri-cor-di-eux : nous : don-ne : in-dul-gen-ce : ab-so-lu-ti-on : et : ré-mis-si-on : de : tous : nos : pé-chés : Ain-si : soit-il.

La : Bé-né-dic-ti-on : de : la : Ta-ble.

Bé-nis-sez : (ce : se-ra : le : Sei-gneur) : que : la : droi-te : de : Jé-sus-Christ : nous : bé-nis-se : a-vec : tou-tes : ces : cho-ses : que : nous : de-vons : pren-dre : pour : no-tre : ré-fec-ti-on : Au : nom : du : Pè-re : et : du : Fils : et : du : Saint-Es-prit : Ain-si : soit-il.

Ac-ti-ons : de : grâ-ces : a-près : le : re-pas.

O : Roi : ô : Di-eu : Tout-Puis-sant : nous : vous : ren-dons : grâ-ces : pour : tous : vos : bi-en-faits : qui : vi-vez : et : ré-gnez : par : tous : les : si-è-cles : des : si-è-cles : Ain-si : soit-il.

Les : dix : Com-man-de-mens : de : Dieu.

1. Un : seul : Di-eu : tu : a-do-re-ras :
   Et : ai-me-ras : par-fai-te-ment :
2. Di-eu : en : vain : tu : ne : ju-re-ras :
   Ni : au-tre : cho-se : pa-reil-le-ment :
3. Le : Di-man-che : tu : gar-de-ras :
   En : ser-vant : Di-eu : dé-vo-te-ment :
4. Pè-re : et : mè-re : ho-no-re-ras :
   A-fin : que : tu : vi-ves : lon-gue-ment :
5. Ho-mi-ci-de : ne : com-met-tras :
   De : fait : ni : vo-lon-taï-re-ment :
6. Lu-xu-ri-eux : point : ne : se-ras :
   De : corps : ni : de : con-sen-te-ment :
7. Le : bi-en : d'au-trui : tu : ne : pren-dras :
   Ni : re-ti-en-dras : in-jus-te-ment :
8. Faux : té-moi-gna-ge : ne : di-ras :

Ni : men-ti-ras : au-cu-ne-ment :
9. L'œu-vre : de : chair : ne : dé-si-re-ras :
Qu'en : ma-ri-a-ge : seu-le-ment :
10. Bi-ens : d'au-trui : ne : con-voi-te-ras :
Pour : les : a-voir : in-jus-te-ment :

Les : Com-man-de-mens : de : l'E-gli-se :

1. Les : Di-man-ches : la : Mes-se : ou-ï-ras :
Et : les : Fê-tes : pa-reil-le-ment :
2. Les : Fê-tes : tu : sanc-ti-fi-e-ras :
Qui : te : sont : de : com-man-de-ment :
3. Tous : tes : pé-chés : con-fes-se-ras :
A : tout : le : moins : u-ne : fois : l'an :
4. Et : ton : Cré-a-teur : re-ce-vras :
Au : moins : à : Pâ-ques : hum-ble-ment :
5. Qua-tre : temps : Vi-gi-le : jeû-ne-ras :
Et : le : Ca-rê-me : en-ti-è-re-ment :
6. Ven-dre-di : chair : ne : man-ge-ras :
Ni : le : Sa-me-di : mê-me-ment :

LES : SEPT : PSEAU - MES :
PÉ-NI-TEN-TI-AUX.

Pseau-me : 6.

SEI-GNEUR : ne : me : re-pre-nez : point : dans : vo-tre : fu-reur : et : ne : me : cor-ri-gez : point : dans : le : fort : de : vo-tre : co-lè-re :

A-yez : pi-ti-é : de : moi : Sei-gneur : puis-que : je : suis : fai-ble : Sei-gneur : gué-ris-sez : moi : car : le : mal : qui : me : ron-ge : a : pas-sé : dans : mes : os : qui : en : sont : tous : é-bran-lés :

Mon : a-me : en : est : a-bat-tue : de : tris-tes-se : mais : vous : Sei-gneur : jus-ques : à : quand : dif-fé-re-rez : vous : ma : gué-ri-son :

Tour-nez : vos : y-eux : sur : moi : Sei-gneur : et : sau-vez : mon : a-me : de : tous : dan-gers : dé-li-vrez : moi : par : vo-tre : gran-de : bon-té : et : mi-sé-ri-cor-de :

Car : on : ne : se : sou-vi-ent : point : de : vous : par-mi : les : morts : et : qui se-ra : ca-pa-ble : de : cé-lé-brer : vos : lou-an-ges : dans : les : En-fers :

Je : me : suis : tour-men-té : jus-ques : à : ce : point : dans : mes : gé-mis-se-mens : que : tou-tes : les : nuits : mon : lit : est : bai-gné : et : ma : cou-che : est : ar-ro-sé-e : de : mes : lar-mes :

Les : dou-leurs : m'ont : fait : pleu-rer : si : a-mè-re-ment : que : j'en : perds : les : y-eux : Je : suis : vi-eil-li : par : le : cha-grin : de : voir : mes : en-ne-mis : se : ri-re : de : mon : tour-ment :

Mais : re-ti-rez : vous : de : moi : vous : qui : per-sis-tez : tou-jours : dans : vo-tre : mé-chan-ce-té : car : Di-eu : a : en-ten-du : fa-vo-ra-ble-ment : la : voix : de : mes : pleurs :

Le : Sei-gneur : a : ex-au-cé : ma : pri-è-re : le : Sei-gneur : a : re-çu : mon : o-rai-son :

Que : tous : mes : en-ne-mis : en : rou-gis-sent : de : hon-te : et : soi-ent : at-teints : d'u-ne : a-gi-ta-ti-on : vi-o-len-te : qu'ils : s'en : re-tour-nent : cou-verts : de : con-fu-si-on : et : de : hon-te :

Gloi-re : soit : au : Pè-re : etc.

Pseau-me : 31.

BI-EN-HEU-REUX : sont : ceux : à : qui : les : i-ni-qui-tés : sont : par-don-né-es : et : dont : les : pé-chés : sont : cou-verts :

Bi-en-heu-reux : est : l'hom-me : à : qui : Di-eu : n'im-pu-te : point : sa : fau-te : a-près : l'a-voir : com-mi-se : et : qui : n'a : point : de : dé-gui-se-ment : en : son : es-prit :

Par-ce : que : j'ai : gar-dé : mon : mal : se-crè-te-ment : mes : os : com-me : en-vi-eil-lis : ont : per-du : leur : for-ce : par-mi : les : cris : que : j'ai : je-tés :

Vo-tre : main : s'est : ap-pe-san-ti-e : sur : moi : tant : que : le : jour : et : la : nuit : ont : du-ré : et : la : dou-leur : qui : me : con-su-me : m'a : des-sé-ché : com-me : l'her-be : du-rant : les : cha-leurs : de : l'é-té :

C'est : pour-quoi : je : vous : ai : li-bre-ment : dé-cla-ré : mon : of-fen-se : et : je : ne : vous : ai : point : te-nu : mon : i-ni-qui-té : ca-ché-e :

Dès : que : j'ai : dit : il : faut : que : je : con-fes-se : con-tre : moi-mê-me :

mon : pé-ché : au : Sei-gneur : vous :
a-vez : re-mis : l'im-pi-é-té : de : ma :
fau-te :

Ce : qui : ser-vi-ra : d'un : ex-em-ple :
mé-mo-ra-ble : à : tous : les : Jus-tes :
pour : vous : a-dres-ser : leurs : pri-è-res :
en : temps : de : mi-sé-ri-cor-de :

Et : cer-tes : quand : un : dé-lu-ge :
de : maux : i-non-de-rait : tou-te : la : terre : ils : n'en : pour-raient : ê-tre : au-cu-
ne-ment : tou-chés :

Vous : ê-tes : mon : a-si-le : con-tre :
tou-tes : les : ad-ver-si-tés : qui : m'en-
vi-ron-nent : vous : qui : ê-tes : ma :
joi-e : dé-li-vrez : moi : des : en-ne-mis :
dont : je : suis : as-si-é-gé :

Je : vous : don-ne-rai : un : es-prit :
clair-vo-yant : et : vous : en-sei-gne-
rai : le : che-min : que : vous : de-vez :
te-nir : j'ar-rê-te-rai : mes : y-eux : veil-
lant : à : vo-tre : con-dui-te :

Tou-te-fois : ne : de-ve-nez : point :
sem-bla-ble : au : che-val : et : au : mu-
let : qui : n'ont : point : d'en-ten-de-ment :

Vous : leur : don-ne-rez : le : mords :
et : la : bri-de : pour : les : em-pê-cher : de :

mor-dre : et : de : ru-er : con-tre : vous :

Plu-si-eurs : ma-lé-dic-ti-ons : se : ré-pan-dront : sur : les : pé-cheurs : mais : la : mi-sé-ri-cor-de : se-ra : le : par-ta-ge : de : ceux : qui : met-tent : leur : es-pé-ran-ce : au : Sei-gneur :

Ré-jou-is-sez : vous : donc : au : Sei-gneur : hom-mes : jus-tes : et : vous : tous : qui : ê-tes : nets : de : cœur : so-yez : trans-por-tés : de : joi-e :

Gloi-re : soit : au : Pè-re : etc.

Pseau-me : 37.

SEI-GNEUR : ne : me : re-pre-nez : point : dans : vo-tre : fu-reur : et : ne : me : cor-ri-gez : point : dans : le : fort : de : vo-tre : co-lè-re :

J'ai : dé jà : sen-ti : les : traits : pi-quans : de : vo-tre : in-di-gna-ti-on : que : vous : a-vez : dé-co-chés : con-tre : moi : et : sur : qui : vous : a-vez : ap-pe-san-ti : vo-tre : main :

Ma : chair : tou-te : cou-ver-te : d'ul-cè-res : é-prou-ve : bi-en : les : ef-fets : de : vo-tre : i-re : et : à : cau-se : de :

mes : pé-chés : mes : os : ne : re-çoi-vent : au-cun : re-pos :

Car : il : est : vrai : que : mes : i-ni-qui-tés : me : noi-ent : et : se : sont : é-le-vé-es : par : des-sus : ma : tê-te : el-les : m'ac-ca-blent : sous : leur : faix :

Mes : ci-ca-tri-ces : se : sont : en-vi-eil-li-es : et : ont : dé-gé-né-ré : par : ma : fo-li-e : en : u-ne : cor-rup-ti-on : sans : re-mè-de :

É-tant : ain-si : de-ve-nu : mi-sé-ra-ble : et : cour-bé : sous : les : en-nuis : je : che-mi-ne : tout : le : jour : a-vec : u-ne : gran-de : tris-tes-se :

Mes : reins : pleins : d'u-ne : ar-deur : ex-ces-si-ve : me : cau-sent : d'é-tran-ges : il-lu-si-ons : et : je : n'ai : au-cu-ne : par-ti-e : de : mon : corps : où : je : ne : souf-fre :

Je : suis : si : fort : af-fli-gé : et : a-bais-sé : qu'au : li-eu : de : plain-tes : mon : cœur : n'ex-pri-me : sa : dou-leur : que : par : des : hur-le-mens :

Sei-gneur : vo-yez : tou-tes : mes : in-ten-ti-ons : mes : pleurs : ni : mes : gé-mis-se-mens : ne : vous : sont : point : ca-chés :

Mon : cou-ra-ge : s'é-ton-ne : je : n'ai : plus : de : for-ce : ni : de : vi-gueur : et : mes : y-eux : qui : sont : a-veu-glés : de : mes : lar-mes : n'a-per-çoi-vent : plus : la : clar-té :

Mes : a-mis : et : mes : pro-ches : se : sont : é-loi-gnés : de : moi : me : vo-yant : ré-duit : en : ce : pi-teux : é-tat :

Mes : voi-sins : s'en : sont : re-ti-rés : aus-si : et : ceux : qui : cher-chent : à : m'ô-ter : la : vi-e : y : em-ploi-ent : des : vi-o-len-ces :

Ils : n'é-pi-ent : que : les : oc-ca-si-ons : de : me : nui-re : et : ti-en-nent : de : mau-vais : dis-cours : de : moi : ils : pas-sent : les : jours : à : cher-cher : ma : ru-i-ne :

Né-an-moins : com-me : si : j'eus-se : é-té : sourd : je : ne : les : ai : point : é-cou-tés : com-me : si : j'eus-se : é-té : mu-et : je : n'ai : ou-vert : la : bou-che : pour : leur : ré-pon-dre :

J'ai : bou-ché : mes : o-reil-les : à : tous : leurs : re-pro-ches : et : ma : lan-gue : n'a : point : eu : la : pei-ne : de : re-pous-ser : leurs : in-ju-res :

Par-ce : qu'en : vous : Sei-gneur : j'ai : mis : tou-te : mon : es-pé-ran-ce : Sei-gneur : mon : Di-eu : vous : ex-au-ce-rez : s'il : vous : plaît : ma : pri-è-re :

Je : vous : pri-e : que : mes : en-ne-mis : ne : se : glo-ri-fi-ent : de : mes : mi-sè-res : ni : que : dès : le : mo-ment : que : je : fais : un : faux : pas : ils : se : dres-sent : con-tre : moi : pour : me : fai-re : tom-ber :

Je : suis : pour-tant : dis-po-sé : à : souf-frir : tou-jours : la : per-sé-cu-ti-on : et : la : dou-leur : que : j'ai : mé-ri-té-e : se : pré-sen-te : con-ti-nu-el-le-ment : à : mes : y-eux :

Car : j'a-vou-e : que : j'ai : com-mis : de : gran-des : i-ni-qui-tés : et : je : ne : pro-po-se : à : ma : pen-sé-e : jour : et : nuit : que : l'ob-jet : de : mon : cri-me :

Ce-pen-dant : mes : en-ne-mis : vi-vent : con-tens : ils : se : for-ti-fi-ent : con-tre : moi : et : leur : nom-bre : aug-men-te : tous : les : jours :

Ceux : qui : ren-dent : le : mal : pour : le : bi-en : m'ont : é-té : con-trai-res :

par-ce : que : j'ai-me : la : paix : et : la : dou-ceur :

Sei-gneur : ne : m'a-ban-don-nez : point : dans : ces : pé-rils : mon : Di-eu : ne : vous : é-loi-gnez : point : de : moi :

Ve-nez : promp-te-ment : à : mon : se-cours : mon : Sei-gneur : et : mon : Di-eu : puis-que : vous : ê-tes : mon : salut :

Gloi-re : soit : au : Pè-re : etc

Pseau-me : 50.

Mon : Di-eu : a-yez : pi-ti-é : de : moi : se-lon : vo-tre : gran-de : mi-sé-ri-cor-de :

Et : se-lon : la : mul-ti-tu-de : de : vos : bon-tés : ef-fa-cez : mon : i-ni-qui-té :

Ver-sez : a-bon-dam-ment : sur : moi : de : quoi : me : la-ver : de : mes : fau-tes : net-to-yez : moi : de : mon : pé-ché :

Je : re-con-nais : mes : of-fen-ses : et : mon : cri-me : est : tou-jours : con-tre : moi :

Con-tre : vous : seul : j'ai : pé-ché : et : j'ai : com-mis : de-vant : vos : y-eux : tout : le : mal : dont : je : me : sens : cou-pa-ble : So-yez : re-con-nu : vé-ri-ta-ble : en : vos : pro-mes-ses : de-meu-rez : vic-to-ri-eux : quand : vous : pro-non-cez : vos : ju-ge-mens :

J'ai : é-té : souil-lé : de : vi-ces : dès : l'ins-tant : de : ma : for-ma-ti-on : et : ma : mè-re : m'a : con-çu : en : pé-ché :

Mais : pour-tant : com-me : vous : a-vez : tou-jours : ai-mé : la : vé-ri-té : aus-si : vous : a-t-il : plu : de : me : ré-vé-ler : les : mys-tè-res : se-crets : de : vo-tre : di-vi-ne : sa-ges-se :

Ar-ro-sez : moi : de : l'hy-so-pe : et : je : se-rai : net-to-yé : la-vez : moi : et : je : de-vi-en-drai : plus : blanc : que : la : nei-ge :

Fai-tes : moi : en-ten-dre : la : voix : in-té-ri-eu-re : de : vo-tre : Saint : Es-prit : qui : me : com-ble-ra : de : joi-e : et : el-le : i-ra : jus-que : dans : mes : os : af-fai-blis : par : le : tra-vail :

Dé-tour-nez : vos : y-eux : de : mes : pé-chés : et : ef-fa-cez : les : ta-ches : de : mes : i-ni-qui-tés :

Mon : Di-eu : met-tez : un : cœur : net : dans : mon : sein : re-nou-ve-lez : dans : mes : en-trail-les : l'es-prit : d'in-no-cen-ce :

Ne : me : con-dam-nez : point : à : de-meu-rer : é-loi-gné : de : vo-tre : pré-sen-ce : ne : re-ti-rez : point : de : moi : vo-tre : Saint : Es-prit :

Ren-dez : à : mon : a-me : la : joi-e : qu'el-le : re-ce-vra : dès : que : vous : se-rez : son : sa-lut : et : as-su-rez : si : bi-en : mes : for-ces : par : vo-tre : es-prit : que : je : ne : trem-ble : plus :

J'en-sei-gne-rai : vos : voi-es : aux : mé-chans : et : les : im-pi-es : con-ver-tis : im-plo-re-ront : vo-tre : mi-sé-ri-cor-de :

O : mon : Di-eu : le : Di-eu : de : mon : sa-lut : pur-gez : moi : du : cri-me : d'ho-mi-ci-de : et : ma : lan-gue : s'es-ti-me-ra : heu-reu-se : de : ra-con-ter : les : mi-ra-cles : de : vo-tre : jus-ti-ce :

Sei-gneur : ou-vrez : s'il : vous : plaît : mes : lè-vres : et : ma : bou-che : aus si-tôt : an-non-ce-ra : vos : lou-an-ges :

Car : si : vous : eus-si-ez : vou-lu : des : sa-cri-fi-ces : j'eus-se : te-nu : à : l'hon-neur : d'en : char-ger : vos : Au-tels : mais : je : sais : bi-en : que : les : ho-lo-caus-tes : ne : peu-vent : a-pai-ser : vo-tre : cour-roux :

Un : es-prit : af-fli-gé : du : re-gret : de : ses : pé-chés : est : le : sa-cri-fi-ce : a-gré-a-ble : à : Di-eu : Mon : Di-eu : vous : ne : mé-pri-se-rez : point : un : cœur : con-trit : et : hu-mi-li-é :

Sei-gneur : fa-vo-ri-sez : la : vil-le : de : Si-on : sui-vant : vo-tre : bon-té : ac-cou-tu-mé-e : et : per-met-tez : que : les : mu-rail-les : de : Jé-ru-sa-lem : soi-ent : re-le-vé-es :

A-lors : vous : a-gré-e-rez : les : sa-cri-fi-ces : de : jus-ti-ce : vous : ac-cep-te-rez : nos : o-bla-ti-ons : et : nos : ho-lo-caus-tes : et : l'on : of-fri-ra : des : veaux : sur : vos : Au-tels : Gloi-re : etc :

Pseau-me : 101.

Sei-gneur : ex-au-cez : ma : pri-è-re : et : per-met-tez : que : mon : cri : ail-le : jus-ques : à : vous :

Ne : dé-tour-nez : point : vo-tre : vi-sa-ge : de : des-sus : ma : mi-sè-re : mais : prê-tez : l'o-reil-le : à : ma : voix : quand : je : suis : en : af-flic-ti-on :

En : quel-que : temps : que : je : vous : in-vo-que : ex-au-cez : moi : promp-te-ment :

Par-ce : que : mes : jours : s'é-cou-lent : com-me : la : fu-mé-e : et : mes : os : se : con-su-ment : com-me : un : ti-son : dans : le : feu :

Mon : cœur : ou-tré : de : tris-tes-se : me : fait : res-sem-bler : à : cet-te : her-be : cou-pé-e : qui : est : sans : vi-gueur : et : mon : a-me : est : si : af-fli-gé-e : que : j'ou-bli-e : de : man-ger : mon : pain :

A : for-ce : de : me : plain-dre : et : de : sou-pi-rer : mes : os : ti-en-nent : à : ma : peau :

Je : res-sem-ble : au : Pé-li-can : dans : le : dé-sert : ou : à : la : Chou-et-te : en-ne-mi-e : de : la : lu-mi-è-re : qui : se : ti-en-nent : dans : les : trous : d'u-ne : mai-son :

Je : ne : re-po-se : point : tou-tes : les : nuits : je : de-meu-re : so-li-tai-re : com-me : le : pas-se-reau : dans : son : nid :

Mes : en-ne-mis : me : font : des : re-
pro-ches : tout : le : long : de : la : jour-
né-e : et : ceux : qui : m'ont : don-né :
des : lou-an-ges : se : sont : ef-for-cés : de :
me : dés-ho-no-rer : vo-yant : que : je :
man-geais : de : la : cen-dre : au : li-eu :
de : pain : et : que : je : mê-lais : mon :
breu-va-ge : a-vec : l'eau : de : mes : pleurs :

De-vant : la : pré-sen-ce : de : vo-tre :
co-lè-re : et : de : vo-tre : in-di-gna-ti-on :
puis-que : a-près : m'a-voir : é-le-vé :
vous : m'a-vez : si : fort : a-bat-tu :

Mes : jours : sont : com-me : l'om-bre :
du : soir : qui : s'obs-cur-cit : s'a-lon-ge :
la : nuit : ap-pro-chant : le : cha-grin :
me : fait : sé-cher : com-me : le : foin :

Mais : vous : Sei-gneur : qui : de-meu-
rez : é-ter-nel-le-ment : la : mé-moi-re :
de : vo-tre : nom : se-ra : im-mor-tel-le :
pas-sant : de : gé-né-ra-ti-on : en : gé-né-
ra-ti-on :

Tour-nez : vos : re-gards : sur : Si-on :
quand : vous : re-vi-en-drez : de : vo-tre :
som-meil : pre-nez : pi-ti-é : de : ses :
mi-sè-res : puis-qu'il : est : temps : de :
lui : par-don-ner :

Il : est : vrai : que : ses : pi-er-res : sont : tel-le-ment : chè-res : à : vos : ser-vi-teurs : qu'ils : ont : re-gret : de : voir : u-ne : si : bel-le : vil-le : dé-trui-te :

A-lors : Sei-gneur : vo-tre : nom : se-ra : re-dou-té : par : tou-tes : les : na-ti-ons : et : vo-tre : gloi-re : é-pou-van-te-ra : tous : les : Rois : de : la : ter-re :

Quand : on : sau-ra : que : vous : a-vez : re-bâ-ti : Si-on : où : le : Sei-gneur : pa-raî-tra : dans : sa : gloi-re :

Il : re-gar-de-ra : fa-vo-ra-ble-ment : la : pri-è-re : des : hum-bles : et : ne : ti-en-dra : point : leur : sup-pli-ca-ti-on : di-gne : de : mé-pris :

Tou-tes : ces : cho-ses : se-ront : con-si-gné-es : dans : l'his-toi-re : pour : l'ins-truc-ti-on : de : la : pos-té-ri-té : qui : en : don-ne-ra : des : lou-an-ges : au : Sei-gneur :

Il : re-gar-de : i-ci : bas : du : saint : li-eu : où : son : Trô-ne : est : é-le-vé : du : Ci-el : où : il : ré-si-de : il : jet-te : ses : y-eux : sur : la : ter-re :

Pour : en-ten-dre : les : cris : de : ceux : qui : sont : dans : les : fers : et : pour : rom-pre : les : chaî-nes : de : ceux : qui : sont : con-dam-nés : à : la : mort :

A-fin : que : le : nom : du : Sei-gneur : soit : ho-no-ré : dans : Si-on : et : que : sa : lou-an-ge : soit : chan-té-e : en : Jé-ru-a-lem :

Quand : tous : les : peu-ples : s'as-sem-ble-ront : que : les : Ro-yau-mes : s'u-ni-ront : pour : le : ser-vir : et : pour : a-do-rer : son : pou-voir :

Mais : je : sens : qu'il : a-bat : mes : for-ces : par : la : lon-gueur : du : che-min : il : a : di-mi-nu-é : le : nom-bre : de : mes : jours :

C'est : pour-quoi : je : m'a-dres-se : à : mon : Di-eu : et : j'ai : dit : Sei-geur : ne : m'ô-tez : pas : du : mon-de : au : mi-li-eu : de : ma : vi-e : vos : an-né-es : ne : fi-ni-ront : ja-mais :

Car : c'est : vous : qui : dès : le : com-men-ce-ment : a-vez : as-su-ré : les : fon-de-mens : de : la : ter-re : et : les : ci-eux : sont : les : œu-vres : de : vos : mains :

Mais : ils : pé-ri-ront : et : il : n'y : au-ra : que : vous : seul : de : per-ma-nent : Tou-tes : ces : cho-ses : vi-eil-li-ront : com-me : le : vê-te-ment :

Et : vous : les : chan-ge-rez : com-me :

un : man-teau : ou : com-me : un : pa-vil-lon : et : vous : se-rez : tou-jours : le : mê-me : que : vous : a-vez : é-té : sans : que : vos : an-né-es : pren-nent : ja-mais : de : fin :

Tou-te-fois : les : en-fans : de : vos : ser-vi-teurs : au-ront : u-ne : de-meu-re : as-su-ré-e : et : ceux : qui : naî-tront : d'eux : jou-i-ront : en : vo-tre : pré-sen-ce : d'u-ne : gran-de : fé-li-ci-té :

Gloi-re : soit : au : Pè-re : etc.

Pseau-me : 129.

SEI-GNEUR : je : me : suis : é-cri-é : vers : vous : du : plus : pro-fond : a-bî-me : de : mes : en-nuis : Sei-gneur : é-cou-tez : ma : voix :

Ren-dez : s'il : vous : plaît : vos : o-reil-les : at-ten-ti-ves : aux : tris-tes : ac-cens : de : mes : plain-tes :

Sei-gneur : si : vous : ex-a-mi-nez : de : près : nos : of-fen-ses : qui : est : ce : qui : pour-ra : sou-te-nir : les : ef-forts : de : vo-tre : co-lè-re :

Mais : la : clé-men-ce : et : le : par-don : se : trou-vent : chez : vous : ce : qui : est :

cau-se : que : vous : ê-tes : craint : et : ré-vé-ré : et : que : j'at-tends : l'ef-fet : de : vos : pro-mes-ses :

Mon : a-me : s'é-tant : as-su-ré-e : sur : vo-tre : pa-ro-le : a : mis : tou-tes : ses : es-pé-ran-ces : en : Di-eu :

Ain-si : de-puis : la : gar-de : as-si-se : dès : l'au-be : du : jour : jus-qu'à : la : sen-ti-nel-le : de : la : nuit : Is-ra-ël : es-pè-re : tou-jours : au : Sei-gneur :

Car : il : y : a : dans : le : Sei-gneur : u-ne : plé-ni-tu-de : de : mi-sé-ri-cor-de : et : u-ne : a-bon-dan-ce : de : grâ-ces : pour : nous : ra-che-ter :

Et : c'est : lui : mê-me : qui : ra-che-te-ra : son : peu-ple : de : tous : ses : pé-chés :

Gloi-re : soit : au : Pè-re : etc.

Pseau-me : 142.

SEI-GNEUR : ex-au-cez : ma : pri-è-re : prê-tez : l'o-reil-le : à : mon : o-rai-son : en-ten-dez : moi : se-lon : la : vé-ri-té : de : vos : pro-mes-ses : se-lon : vo-tre : jus-ti-ce :

N'en-trez : point : en : ju-ge-ment : a-vec : vo-tre : ser-vi-teur : car : au-cun : ne : se : peut : ja-mais : jus-ti-fi-er : de-vant : vous :

L'en-ne-mi : qui : m'a : per-sé-cu-té : sans : me : don-ner : un : mo-ment : de : re-lâ-che : m'a : pres-que : ré-duit : à : ex-pi-rer : en : mor-dant : la : pous-si-è-re :

Il : m'a : je-té : dans : l'hor-reur : des : té-nè-bres : com-me : si : j'é-tais : dé-jà : mort : au : mon-de : de : quoi : mon : es-prit : se : trou-ve : a-gi-té : par : beau-coup : d'in-qui-é-tu-des : et : mon : cœur : se : con-su-me : de : dou-leur :

Mais : je : me : suis : con-so-lé : par : le : sou-ve-nir : des : temps : pas-sés : dis-cou-rant : en : mon : es-prit : de : vos : ac-ti-ons : mer-veil-leu-ses : en : fa-veur : de : nos : Pè-res : et : mé-di-tant : sur : les : ou-vra-ges : de : vos : mains :

Je : vous : tends : les : mi-en-nes : et : mon : a-me : vous : dé-si-re : a-vec : au-tant : d'im-pa-ti-en-ce : que :

la : ter-re : sè-che : at-tend : de : l'eau :

Sei-gneur : ex-au-cez : moi : donc : promp-te-ment : car : mes : for-ces : me quit-tent : et : mon : es-prit : est : dé-jà : sur : le : bord : de : mes : lè-vres :

Ne : dé-tour-nez : point : de : moi : vo-tre : vi-sa-ge : a-fin : que : je : ne : de-vi-en-ne : point : sem-bla-ble : à : ceux : qui : des-cen-dent : dans : l'a-bî-me :

Mais : plu-tôt : qu'il : vous : plai-se : me : fai-re : en-ten-dre : dès : le : ma-tin : la : voix : de : vo-tre : mi-sé-ri-cor-de : puis-que : c'est : en : vous : que : j'ai : mon : es-pé-ran-ce :

Mon-trez : moi : le : che-min : par : le-quel : je : dois : mar-cher : d'au-tant : que : mon : a-me : est : tou-jours : é-le-vé-e : vers : vous :

Sei-gneur : dé-li-vrez : moi : du : pou-voir : de : mes : en-ne-mis : je : me : jet-te : en-tre : vos : bras : en-sei-gnez : moi : à : fai-re : vo-tre : vo-lon-té : car : vous : ê-tes : mon : Di-eu :

Vo-tre : es-prit : qui : est : bon : me : con-dui-ra : par : u-ne : ter-re : u-ni-e : et : pour : la : gloi-re : de : vo-tre : nom :

Sei-gneur : vous : me : re-don-ne-rez : des : for-ces : et : la : vi-gueur : se-lon : vo-tre : é-qui-té :

Dé-li-vrez : mon : a-me : des : af-flic-ti-ons : qui : l'op-pres-sent : et : me : fai-sant : sen-tir : les : ef-fets : de : vo-tre : mi-sé-ri-cor-de : ex-ter-mi-nez : mes : en-ne-mis :

Per-dez : tous : ceux : qui : tâ-chent : de : m'ô-ter : la : vi-e : par : les : pei-nes : qu'ils : don-nent : à : mon : es-prit : car : je : suis : vo-tre : ser-vi-teur :

Gloi-re : soit : au : Pè-re : etc.

LES VÊPRES
DU DIMANCHE.

Pseaume 109.

Le Seigneur a dit à mon Seigneur : soyez assis à ma droite,

Tandis que terrassant vos ennemis, je les ferai servir d'escabeau à vos pieds.

Le Seigneur fera sortir de Sion le Sceptre de votre puissance, pour étendre votre empire au milieu des nations qui vous sont ennemies.

Votre peuple se rangera auprès de vous au jour de votre force, étant revêtu de la splendeur de vos Saints, dès le moment de votre naissance qui paraîtra au monde comme la rosée de l'aurore.

Le Seigneur a juré, et il ne rétractera point : vous êtes, dit-il, Prêtre éternellement, selon l'ordre de Melchisedech.

Ce Dieu tout-puissant qui est à vos côtés brisera l'orgueil des Rois au jour de sa fureur.

Il exercera sa justice sur toutes les nations ; il couvrira les champs de corps morts, et cassera la tête à plusieurs mutins qui sont sur la terre.

Il boira en chemin des eaux du torrent, et par là il s'élevera dans la gloire.

Gloire soit au Père, etc.

Pseaume 110.

Seigneur, je confesserai vos louanges de tout mon cœur, les publiant en l'assemblée des justes, et en la congrégation des fidèles.

Les ouvrages du Seigneur sont grands, et ceux qui les considèrent ne se peuvent lasser de les admirer.

La gloire et la magnificence paraissent dans les ouvrages de ses mains ; sa justice demeure inviolable pendant l'éternité.

Il nous fait célébrer la mémoire de ses merveilles, le bon et miséricordieux Seigneur qu'il est; il nourrit ceux qui le servent avec crainte.

Il n'y a point de siècle ni de durée qui lui fassent perdre le souvenir de son alliance; il fera paraître à son peuple la vertu de ses exploits.

Il augmentera son héritage par le bien des nations infidèles : et l'on verra par les ouvrages de ses mains la vérité de ses promesses, et l'infaillibilité de ses jugemens.

Rien ne pourra jamais ébranler la force de ses lois, fondées sur la durée de l'éternité, composées selon les règles de la vérité et de la justice.

Il lui a plu d'envoyer la rédemption à son peuple, et de faire avec lui une alliance qui demeurât toujours.

Son nom saint et redoutable nous fait assez voir que le commencement de la sagesse est la crainte du Seigneur.

En effet, il n'y a que des personnes bien avisées qui observent ces préceptes, et leurs louanges subsisteront durant toute l'éternité.

Gloire soit au Père, etc.

Pseaume III.

Heureux est l'homme qui sert le Seigneur avec crainte! il ne trouve point de plaisir qui égale celui d'exécuter ses commandemens.

Sa postérité sera puissante sur la terre; la

race des justes sera comblée de bénédictions.

La gloire et les richesses rendront sa maison florissante, et son équité subsistera éternellement.

Ainsi, la lumière se répand sur les bons parmi les ténèbres, parce que le Seigneur est juste, pitoyable et miséricordieux.

L'homme qui est sensible aux afflictions de son prochain, l'assistant selon sa commodité, est heureux ; qui, dis-je, règle ses paroles et ses actions sur les préceptes de la Justice, ne tombera jamais.

Sa mémoire sera immortelle, et il ne craindra point que les langues médisantes déshonorent sa réputation.

Son cœur est disposé à mettre toute sa confiance au Seigneur, sans avoir aucune pensée de l'en détourner jamais : il ne craint rien, et il attend avec confiance la déroute de ses ennemis.

Et parce que dans la distribution de ses biens il en a usé libéralement envers les nécessiteux, sa Justice demeurera éternellement, et sa puissance sera honorée de tout le monde.

Les méchans voyant cela crèveront de dépit, de rage ; ils en grinceront les dents et ils en sécheront de colère ; mais ils seront frustrés en leur attente, car les désirs des méchans périront.

Gloire soit au Père, etc.

Pseaume 112.

Enfans, qui êtes appelés au service du Seigneur, louez son Saint Nom.

Que le Nom du Seigneur soit béni dès-à-présent, et pendant toute l'éternité ;

Car depuis le soleil levant jusqu'au point qu'il se couche, le Nom du Seigneur mérite des louanges.

Le Seigneur est exalté par-dessus toutes les Nations : sa gloire est élevée par dessus tous les Cieux.

Qui est-ce donc qui peut entrer en comparaison avec le Seigneur notre Dieu, qui demeure là-haut, et qui s'abaisse toutefois jusqu'à considérer les choses qui sont dans le Ciel et sur la terre ?

Il relève les misérables de la poussière, et retire les plus pauvres de la fange,

Pour les établir dans les charges honorables, et pour leur faire part du gouvernement des affaires avec les Princes de son peuple.

Qui rend féconde la femme stérile et la rend joyeuse, la faisant mère de plusieurs enfans.

Gloire soit au Père, etc.

Pseaume 113.

En cette mémorable sortie que fit Israël hors l'Egypte, après que la maison de Jacob fut délivrée de la captivité où elle était réduite chez un peuple barbare.

Dieu choisit la Judée pour y dresser son

sanctuaire, et pour établir son empire en Israël.

La mer vit cette haute entreprise et prit la fuite ; et le Jourdain arrêtant ses eaux, les fit remonter du côté de sa source.

Les montagnes ont sauté comme des béliers, et les collines ont tressailli de joie dans la plaine, comme des petits agneaux auprès de leurs mères.

Mais dites-nous, grande mer, qui est-ce qui vous épouvanta si fort, que vous vous retirâtes en fuyant ? Et vous, fleuve du Jourdain, qui vous fit retourner en arrière ?

Vous, montagnes, pourquoi bondissiez-vous comme les agneaux auprès de leurs mères ?

C'est que devant la face du Seigneur la terre s'est émue ; c'est qu'elle a senti les agitations de la crainte en la présence du Dieu de Jacob.

Qui fait sortir les étangs de la pierre, et qui convertit les rochers en fontaines ?

Non point à nous, Seigneur, non point à nous ; mais donnez à votre nom la gloire qui lui appartient.

A cause de la grandeur de votre miséricorde, et de la vérité de vos promesses, afin que les nations ne disent point où est leur Dieu.

Car il est au Ciel, où il fait tout ce qui lui plaît, sans que sa puissance soit limitée.

Mais les simulacres des Gentils sont or

et argent, ouvrages des mains des hommes.

Ils ont une bouche, et ne parlent point; ils ont des yeux, et ne voient rien.

Ils ne sont pas capables d'écouter avec leurs oreilles, ni de flairer avec leurs narines.

Leurs mains sont inutiles pour toucher, et leurs pieds sont incapables de marcher : ils ne sauraient rendre aucun son de leur gorge.

Que ceux-là qui les font, leur puissent ressembler, et tous les hommes qui mettent en eux leur confiance.

La maison d'Israël a mis toute son espérance au Seigneur : il est prêt à son secours, car il est son protecteur.

La maison d'Aaron a espéré en sa seule bonté; il est son appui et son protecteur.

Ceux qui craignent le Seigneur, se confient en lui : il est leur refuge et leur protecteur.

Le Seigneur s'est souvenu de nous et nous a donné sa bénédiction.

Il a comblé de faveurs la maison d'Israël ; il a béni la maison d'Aaron.

Il a répandu ses grâces sur tous ceux qui révèrent sa puissance, depuis les plus grands jusqu'aux plus petits.

Que le Seigneur vous favorise incessamment, vous et vos enfans.

Puisque vous êtes aimés de ce Seigneur, qui a fait le Ciel et la terre.

Le Ciel très-haut que le Seigneur a choisi

pour sa demeure, et la terre qu'il a donnée aux enfans des hommes, afin d'y habiter.

Toutefois, Seigneur, les morts ne vous loueront point, ni ceux qui descendent dans les lieux profonds.

Mais nous qui vivons, rendons continuellement des actions de grâces au Seigneur, et reconnaissons à jamais ses faveurs.

Gloire soit au Père, etc.

Hymne.

O Créateur excellent de la lumière, qui produisez celle des jours, préparant l'origine du monde par le commencement d'une clarté toute nouvelle.

Vous avez ordonné qu'on appellerait jour le matin, joint avec le soir, débrouillant l'horrible confusion des choses ; entendez nos prières, qui sont accompagnées de larmes,

De peur que l'esprit opprimé par les crimes ne soit privé des biens de la vie, tandis que ne songeant point à méditer les choses éternelles, il se précipite dans les liens du péché.

Qu'il pousse ses désirs jusque dans le Ciel, qu'il remporte le prix de la vie : évitons tout ce qui peut lui être contraire, et par une sainte pénitence, purgeons notre ame de toutes ses iniquités.

Faites-nous cette faveur, Père très-saint, vous son Fils unique, et vous Esprit consolateur, qui régnez à perpétuité. Ainsi soit-il.

Cantique de la Vierge.

Mon ame glorifie le Seigneur; et mon esprit s'est réjoui en Dieu, auteur de mon salut.

Parce qu'il a regardé favorablement la petitesse de sa servante, et de là je serai nommée bienheureuse dans la suite de tous les âges.

Car le Tout-Puissant a opéré en moi de grandes merveilles, et son nom est saint.

Sa miséricorde passe de lignée en lignée en tous ceux qui le servent avec crainte.

Il a fait paraître la force de son bras, faisant avorter les desseins des superbes.

Il a fait descendre les puissans de leurs trônes, et a élevé les petits.

Il a rempli de biens les nécessiteux, et réduit les riches à la mendicité.

Il a pris en sa protection son serviteur Israël, s'étant ressouvenu de sa miséricorde.

Selon la parole qu'il en avait donnée à nos pères, à Abraham, et à toute sa postérité pour jamais.

Gloire soit au Père, etc.

L'OFFICE
DE LA VIERGE MARIE.

A MATINES.

Seigneur, ouvrez, s'il vous plaît, mes lèvres, et ma bouche aussitôt annoncera vos louanges.

Mon Dieu, venez à mon aide.

Seigneur, hâtez-vous de me secourir.

Gloire soit au Père, au Fils et au Saint-Esprit, comme elle était au commencement, comme elle est maintenant, et comme elle sera toujours aux siècles des siècles. Ainsi soit-il.

Pseaume 94.

Venez, montrons la joie que nous avons au Seigneur : chantons la gloire de Dieu, qui est notre refuge, comparaissons devant lui ; célébrons ses louanges, et faisons résonner les Cantiques de notre alégresse. Je vous salue, Marie, pleine de grâce, le Seigneur est avec vous.

Car le Seigneur est le grand Dieu et le grand Roi qui est au-dessus de tous les dieux ; il ne rebutera point son peuple ; il tient en sa main les extrémités de la terre avec les abîmes, et les montagnes les plus élevées sont à lui. Le Seigneur est avec vous.

La mer lui appartient, puisqu'il en est

l'excellent ouvrier, et ses mains ont aussi formé la terre. Venez donc, et puisqu'il mérite des adorations, fléchissons les genoux en sa présence : versons des larmes devant le Seigneur qui nous a fait, car il est notre Dieu, et nous sommes le peuple qu'il regarde comme les brebis de sa bergerie. Je vous salue, Marie, pleine de grâce, le Seigneur est avec vous.

Que si vous écoutez aujourd'hui sa voix, n'endurcissez pas vos cœurs, comme vous fîtes en la journée de contradiction qui arriva dans le désert, où ils m'éprouvèrent, et où ils virent mes œuvres. Le Seigneur est avec vous.

Ce peuple m'a offensé sans cesse pendant l'espace de quarante ans, de sorte que j'ai dit : ce peuple se trompe toujours en son cœur, et il n'a point connu mes voies : aussi ai-je bien fait serment, dans ma colère, qu'il n'entrera point dans le lieu de mon repos. Je vous salue, Marie, pleine de grâce, le Seigneur est avec vous.

Gloire soit au Père, et au Fils, et au Saint-Esprit, comme elle sera toujours aux siècles des siècles. Le Seigneur est avec vous.

Je vous salue, Marie, pleine de grâce, le Seigneur est avec vous.

Hymne.

Celui-là que la terre, la mer, les Cieux révèrent, adorent et louent ; qui, par sa puissance infinie gouverne ce grand Univers, les flancs de Marie ont eu l'honneur de le porter.

Les entrailles d'une Vierge féconde, comblée de grâces et des bénédictions du Ciel, contiennent celui à qui la Lune, le Soleil et toutes les créatures obéissent.

Heureuse mère, à cause du précieux fruit qu'elle porte! Son chaste ventre enferme, comme dans un tabernacle, celui qui a créé le monde, et qui le soutient dans le creux de sa main.

Heureuse encore par l'ambassade que vous avez reçue du Ciel, ayant été rendue féconde par le Saint-Esprit! Par votre consentement, le désiré des Nations a été envoyé au monde.

Donc à vous, Seigneur, né de la Vierge, gloire soit donnée, comme au Père et au Saint-Esprit, aux siècles des siècles. Ainsi soit-il.

Pseaume 8.

Seigneur, notre Souverain Seigneur, que votre nom est grand et admirable par toute la terre!

Votre magnificence est élevée par dessus les Cieux.

Vous avez mis vos louanges dans la bouche des petits enfans qui sont encore à la mamelle, afin de remplir de confusion vos adversaires, et détruire les ennemis de votre gloire.

Car je considérerai les Cieux, qui sont l'ouvrage de vos mains, avec attention, et ensemble la Lune et les Étoiles que vous avez formées.

Mais qu'est-ce que l'homme, pour vous souvenir de lui? Ou de quelles perfections est orné le fils de l'homme, pour être digne que vous lui fassiez l'honneur de le visiter?

Car vous ne l'avez rendu qu'un peu inférieur aux Anges ; vous l'avez couronné d'honneur et de gloire, et lui avez donné l'empire sur tous les ouvrages de vos mains.

Vous avez mis toutes choses sous ses pieds : les brebis, les bœufs et les troupeaux des champs reconnaissent sa domination et son pouvoir.

Et les oiseaux de l'air, les poissons de la mer, et ceux qui se promènent dans les eaux. Seigneur, notre souverain Seigneur, que votre nom est grand et admirable par toute la terre !

Gloire soit au Père, etc.

Pseaume 18.

Les Cieux racontent la gloire de Dieu, et le Firmament publie l'excellence des ouvrages qui sont sortis de ses mains.

Le jour qui passe, annonce ses merveilles au jour qui le suit; et la nuit apprend à l'autre nuit à chanter ses louanges.

Il n'y a point de nations ni de langues qui n'entendent leur voix et leur langage ; car le bruit qu'ils font va par toute la terre, et leurs paroles volent jusques aux extrémités du monde.

Le Seigneur a établi dans les Cieux la demeure du Soleil, où il paraît comme un époux bien paré, sortant de sa chambre nuptiale.

Il commence sa course gaîment, comme un Prince fort et généreux; il sort de l'un des bouts des Cieux.

Et ayant continué son vaste tour jusqu'à l'autre extrémité, il n'a trouvé aucune créature qui n'ait senti sa chaleur.

La Loi du Seigneur qui est sans tache, retire les affections des belles ames : les promesses de Dieu sont certaines, elles donnent la sagesse aux simples.

Sa justice infaillible donne la joie à tous les cœurs; ses commandemens, qui sont purs, éclairent nos yeux obscurcis.

La crainte du Seigneur, laquelle demeure éternellement, est sainte; ses jugemens sont équitables, étant fondés dans sa justice infinie.

Ils sont beaucoup plus désirables que l'or et que toutes les pierres précieuses; ils sont plus doux que le miel et même que le miel le plus excellent.

C'est pourquoi votre serviteur les a toujours gardés, sachant qu'il y a de grandes récompenses pour ceux qui les observent.

Qui peut savoir le grand nombre de ses fautes? Seigneur, lavez-moi de mes iniquités cachées, et ne permettez pas que votre serviteur devienne coupable par les péchés d'autrui.

Si ces péchés ne me surmontent point, comme je serai sans tache, je serai alors aussi purgé de grands crimes.

Par ce moyen, vous aurez agréable les paroles de ma bouche ; et les pensées de mon cœur seront toujours bien reçues devant vous.

Seigneur, vous êtes mon espérance et mon Rédempteur.

Gloire soit au Père, etc.

Pseaume 23.

La terre est au Seigneur, et tout ce qu'elle contient, et toutes les créatures qui l'habitent.

Il a établi sur les mers le fondement de la terre ; il l'a rendue habitable, en donnant des bornes à ses rivières.

Qui montera la montagne du Seigneur? ou qui sera digne d'habiter dans son sanctuaire?

Celui de qui les mains sont innocentes et le cœur net, qui ne passe point sa vie dans la vanité, et qui n'use point de sermens pour tromper autrui.

Celui-là recevra de grandes bénédictions du Seigneur, et il obtiendra miséricorde de Dieu son sauveur.

Tels sont ceux qui cherchent Dieu, qui

cherchent à paraître devant le Dieu de Jacob.

Ouvrez-vous donc, grandes portes, et vous portes éternelles du Ciel, puisque le Roi de gloire veut entrer.

Quel est ce Roi de gloire? C'est ce Seigneur grand et puissant; c'est le Seigneur si redoutable dans les combats.

Ouvrez-vous donc, grandes portes, et vous aussi, portes éternelles du Ciel, puisque le Roi de gloire veut entrer.

Mais enfin, quel est ce Roi de gloire? Le Seigneur des armées est ce Roi tout environné de gloire.

Gloire soit au Père, etc.

Pseaume 44.

Mon cœur m'inspire un bon propos; c'est de composer cet ouvrage à la gloire du Roi.

Ma langue imitera la légèreté de la main d'un habile écrivain.

Vous surpassez toutes les beautés des hommes, les grâces sont répandues sur vos lèvres; c'est pourquoi Dieu vous a béni de toute éternité.

Mais, ô puissant Roi! mettez votre épée à votre côté.

Et tout éclatant de gloire, tendez votre arc, marchez en assurance, et vous régnerez.

A cause de la vérité, de la mansuétude et de la justice, votre bras fera réussir toutes vos entreprises par des exploits inouis.

Car la pointe de vos dards percera le cœur de vos ennemis, et rangera tous les peuples sous votre obéissance.

Mon Dieu, votre trône est éternel, et votre sceptre est un sceptre d'une conduite bien douce.

Vous avez toujours aimé la justice, et avez eu en horreur l'iniquité; pour ce sujet, Dieu vous a sacré d'une huile de liesse plus excellente que celle qu'il a répandue sur vos associés.

La myrrhe, l'aloès et la casse font sortir une odeur agréable de vos vêtemens, que les filles des Rois tirent de leurs cabinets d'ivoire pour vous faire honneur.

La Reine, plus belle que toutes les autres, paraît à votre côté, vêtue d'une robe de fin or, diversifiée de pierres précieuses.

Ecoutez, ma fille, ouvrez les yeux, et soyez attentive aux conseils que je vous donne : oubliez votre peuple, et quittez la maison de votre père.

Le plus grand des Rois désire posséder les perfections que vous avez; il est le Seigneur et le Dieu que tous les peuples sont tenus d'adorer.

Les filles de Tyr, les peuples les plus opulens viendront implorer votre crédit avec quantité de présens qu'ils vous feront.

Les plus grands ornemens de cette Princesse ne paraissent point au dehors; sa robe est en broderie d'or, parsemée de couleurs et de fleurs tissues avec l'aiguille.

Les filles de sa suite, et celles qui sont plus près de sa personne, auront l'honneur de vous être présentées.

Elles paraîtront devant vous avec alégresse, et elles entreront dans le Palais royal.

Au lieu de vos parens, vous aurez des enfans généreux, que vous établirez Princes sur la terre.

Ils se souviendront toujours de vous, et laisseront à la postérité des marques de votre gloire et de votre excellence.

Pour ce sujet, les peuples ne se lasseront jamais de vous louer dans la suite des siècles.

Gloire soit au Père, etc.

Pseaume 45.

Dieu est notre refuge et notre force; il nous a secourus dans les dangers et afflictions qui nous environnaient de toutes parts.

C'est pourquoi nous n'aurions aucune crainte, quand même la terre serait toute émue, et que les montagnes iraient au fond de la mer.

Quand même les eaux seraient agitées par des tempêtes extraordinaires, et que les montagnes se renverseraient.

Le cours délicieux d'un fleuve embellit la sainte Cité : cette Cité, le Très-Haut l'a sanctifiée pour en faire sa demeure.

Le Seigneur étant au milieu d'elle, elle

ne sera point ébranlée ; car il lui donnera secours quand elle en aura besoin.

Quand les peuples se sont bandés contre cette Cité, leurs royaumes ont été presque ruinés, au premier son de la voix du Seigneur, son protecteur.

Le Seigneur des armées est avec nous; le Dieu de Jacob est avec nous ; le Dieu de Jacob nous est un refuge assuré.

Venez donc, et considérez les ouvrages du Seigneur, qui fait tant de prodiges sur la terre, qui fait cesser les guerres jusqu'aux extrémités du monde.

Il rompt les javelots, met les armes en pièces, et jette les boucliers dans le feu.

Arrêtez-vous ici, dit-il, et considérez que je suis Dieu; je ferai connaître ma puissance à tous les peuples de la terre, et je serai glorifié par tout le monde.

Le Seigneur des armées est avec nous; le Dieu de Jacob nous est un refuge assuré.

Gloire soit au Père, etc.

Pseaume 86.

Les fondemens de Jérusalem sont jetés sur les montagnes saintes; le Seigneur aime plus les portes de Sion que les tabernacles de Jacob.

Cité de Dieu, on a raconté de vous des choses bien glorieuses.

J'aurai mémoire de l'Egypte et de Babylone, puisqu'elles ont connu mon nom.

Ceux qui habitent la Palestine, les Tyriens et les Éthiopiens y seront bien venus.

Et quelqu'un dira, parlant de Sion: un homme excellent est né dans cette Cité qui a été fondée par le Très-Haut.

Le Seigneur écrira dans ses registres les noms des Peuples et des Princes qui ont été assez heureux pour se trouver en icelle.

Que vous êtes une demeure agréable, sainte Cité, puisque tous vos habitans sont remplis de joie et de vertu !

Gloire soit au Père, etc.

Pseaume 95.

Chantez un cantique nouveau à la louange du Seigneur ; récitez des hymnes à sa gloire, vous peuples de la terre.

Chantez des airs en son honneur, et donnez à son saint Nom les louanges qu'il mérite ; annoncez de jour en jour l'histoire de ses bienfaits.

Publiez ses actions glorieuses parmi les Nations, et racontez à tous les peuples les merveilles de sa puissance.

Car le Seigneur est grand et digne d'un suprême bonheur ; il est lui seul plus redoutable que tous les autres dieux.

Les dieux que les peuples adorent sont des noms vilains : mais notre Dieu a fait les Cieux.

Les grâces et la beauté l'environnent de toutes parts ; la sainteté et la magnificence sont les beaux ornemens de son sanctuaire.

Peuples et Nations, apportez au Seigneur la gloire et l'honneur dont il est digne : rendez au nom du Seigneur quantité de bénédictions.

Venez lui apporter vos offrandes dans son Temple : adorez le Seigneur dans son sanctuaire.

Que tout l'Univers tremble devant sa face : faites savoir aux peuples que le Seigneur tient les rênes de l'empire du monde.

Car il a si bien assuré les fondemens de la terre, qu'ils ne seront jamais ébranlés : il gouvernera et il jugera tous les peuples selon la justice.

Que les Cieux et la terre s'en réjouissent ; que la mer et tout ce qu'elle enferme en sentent des émotions d'alégresse ; que les champs et tout ce qu'ils contiennent soient transportés d'une joie pareille.

Et que tous les arbres des forêts se réjouissent en la présence du Seigneur qui est venu au monde, parce qu'il est venu au monde pour gouverner.

Il jugera tout le monde avec justice, et rendra à tous les peuples selon l'infaillibilité de ses promesses.

Gloire soit au Père, etc.

Pseaume 96.

Le Seigneur gouverne le monde, que toute la terre s'en réjouisse, et que les îles de la mer soient aussi joyeuses.

Il y a des images et des ombres épaisses

qui nous les cachent : toutefois son trône est fondé sur la justice et sur l'équité.

Il fera aller le feu devant lui, pour réduire en cendres ses ennemis qui l'environnent.

Il jettera tant d'éclairs dans le monde, qu'en étant ébloui, il tremblera de frayeur.

Les montagnes se fondront comme la cire, en présence du Seigneur, à l'aspect du dominateur de l'Univers.

Les Cieux annonceront sa justice, et il n'y aura point de Peuples qui ne voient les grandeurs de sa gloire.

Que ceux-là soient donc remplis de confusion et de honte, qui mettent leur espérance en leurs faux dieux et vaines idoles.

Adorez le Seigneur tout-puissant, vous qui êtes ses Anges, ce que Sion ayant entendu, elle s'en est réjouie.

Les filles de Juda ont témoigné leur joie, en voyant que vos jugemens, Seigneur, ont exterminé l'impiété.

Parce que vous êtes le Très-Haut qui exercez un empire absolu sur toute la terre, vous êtes sans comparaison plus grand que tous les autres dieux.

Vous donc qui aimez le Seigneur, ayez le mal en horreur : le Seigneur garde soigneusement les ames qui lui sont consacrées, et les délivre de la persécution des méchans.

La lumière se répand sur les justes, et la véritable joie comblera le cœur des gens de bien.

Réjouissez-vous au Seigneur, vous tous qui êtes justes, et le remerciez des bienfaits que vous avez reçus.

Gloire soit au Père, etc.

Pseaume 18.

Chantez un cantique nouveau à la louange du Seigneur, car il a fait des choses admirables.

Il a établi le salut par sa puissance et par la force de son saint bras.

Le Seigneur a fait connaître l'excellence de notre rédemption, et a signalé sa justice parmi les peuples.

Il n'a point perdu la mémoire de ses miséricordes, non plus que des promesses qu'il a faites à la maison d'Israël.

Par toute la terre on ne peut douter que notre Dieu n'ait fait connaître notre salut.

Composez des Hymnes, et chantez à la gloire de Dieu, vous Peuples qui habitez tout l'Univers.

Faites des concerts avec des harpes et toutes sortes d'autres instrumens, joignant vos voix à leur mélodie : faites sonner les trompettes et les cornets.

Faites connaître votre joie en la présence du Seigneur, Monarque de l'Univers; que la mer et tout ce qu'elle enferme en sente des émotions de joie; que le rond de la terre s'en réjouisse pareillement.

Que les fleuves applaudissent en la présence du Seigneur, par le murmure de leurs eaux ; que les montagnes montrent aussi des signes de joie, puisqu'il est venu juger la terre avec justice.

Il jugera tout le monde avec justice, et les Peuples selon l'équité.

Gloire soit au Père, etc.

Absolution.

Que par les prières et par les mérites de la bienheureuse Marie, toujours Vierge, et de tous les Saints, il plaise à notre Seigneur nous conduire au Royaume des Cieux.

Leçon 1.

En toutes choses j'ai cherché mon repos ; mais enfin je demeurerai dans l'héritage du Seigneur. J'achevais ce repos, quand le Créateur du monde, celui même qui est l'auteur de mon être, et qui a reposé en mon tabernacle, me fit l'honneur de me commander, en me disant : Habite en la maison de Jacob, et prends tes héritages en Israël, jetant des racines profondes entre mes élus. Mais vous, Seigneur, ayez pitié de nous.

Leçon 2.

Ainsi j'ai fait mon séjour en Sion, je me suis pareillement reposée en la Sainte Cité, et j'ai établi ma puissance en Jérusalem, poussant par ce moyen des racines profondes entre un peuple comblé de bénédictions célestes, lequel a son hérédité en la part de Dieu ; et entre la multitude des Saints sera ma demeure à jamais. Mais vous, Seigneur, ayez pitié de nous.

Leçon 3.

J'ai été élevée comme le cèdre au Liban et comme le cyprès en la montagne de Sion ; j'ai été élevée comme les palmes de Cadés, ou comme les rosiers qui sont plantés en Jéricho, comme la belle olive dans les campagnes, et comme le peuplier qui s'éloigne de son tronc auprès des eaux, le long des grands chemins.

J'ai répandu une odeur comme de la cannelle et un baume aromatique ; ni plus ni moins que la myrrhe choisie, j'ai fait sentir la douceur de mes parfums. Mais vous, Seigneur, ayez pitié de nous.

Hymne de S. Ambroise et de S. Augustin.

Nous vous louons, Dieu tout-puissant; nous confessons que vous êtes le Seigneur de l'univers.

Vous, Père éternel, que toute la terre adore.

Tous les Anges sont les fidèles exécuteurs de vos volontés : les Cieux et ses Puissances vous adorent et craignent.

Les Chérubins et Séraphins chantent perpétellement cet hymne en votre honneur:

Saint, Saint, Saint est le Seigneur Dieu des armées.

Les Cieux et la terre sont remplis de la grandeur de votre gloire.

Vous êtes exalté par la glorieuse compagnie des apôtres.

La vénérable multitude des Prophètes récite des hymnes pour vous honorer.

L'innocente et nombreuse armée des Martyrs célèbre vos louanges.

Et la sainte Eglise vous confesse par tout le rond de la terre.

Le Père éternel, qui est d'une grandeur incompréhensible.

Le vrai et unique Fils, engendré de la substance du Père.

Et le Saint-Esprit Paraclet, qui procède du Père et du Fils.

Vous, Christ, qui êtes le Roi de gloire.

Vous qui êtes le Fils éternel du Père.

Vous qui, pour délivrer l'homme de la servitude, avez voulu vous faire homme, et n'avez point dédaigné le sein d'une Vierge.

Vous qui, après avoir rompu l'aiguillon de la mort, avez ouvert aux Croyans le Royaume des Cieux.

Vous qui êtes assis à la droite de Dieu, en la gloire du Père.

Et qui devez un jour venir juger le monde.

Nous vous supplions de subvenir par votre assistance à vos serviteurs, que vous avez rachetés par votre précieux Sang.

Faites, s'il vous plaît, qu'ils soient comptés dans la gloire au nombre de vos Saints.

Sauvez votre peuple, Seigneur, et comblez de grandes bénédictions votre héritage.

Prenez le soin de nous conduire, et ne vous lassez jamais de nous favoriser.

Nous employons tous les jours à vous remercier de vos bienfaits.

Nous louons sans cesse votre Nom, et nous le louerons à jamais.

Préservez-nous, s'il vous plaît, Seigneur, de tomber cette journée en péché.

Ayez pitié de nous, Seigneur, ayez pitié de nous.

Et comme nous avons espéré en votre bonté, faites que nous sentions les effets de votre miséricorde.

En vous, Seigneur, j'ai mis mon espérance; ainsi je ne recevrai jamais de confusion.

A LAUDES.

Mon Dieu, entendez à mon aide; Seigneur, hâtez-vous de me secourir.

Gloire soit au Père, etc.

Pseaume 92.

Le Seigneur a régné, il s'est revêtu de sa magnificence; le Seigneur s'est revêtu de sa force, il s'est ceint et a pris ses armes.

Car il a rendu le monde tellement ferme, qu'il ne sera jamais ébranlé.

Votre trône a été préparé de toute éternité, Seigneur; et vous avez été avant le temps.

Les fleuves se sont élevés au Seigneur: les fleuves se sont élevés avec un bruit extraordinaire.

Les fleuves se sont élevés avec beaucoup

de violence; mais encore que le bruit de ces eaux soit grand, encore que les vagues de la mer soient véhémentes, le Seigneur est plus fort que tout cela.

Vos témoignages, Seigneur, sont infaillibles et indubitables; et la sainteté, qui est bienfaisante en votre maison, y demeurera jusqu'à la fin des temps.

Gloire soit au Père, etc.

Pseaume 99.

Vous tous, habitans de la terre, chantez à la gloire de Dieu : réjouissez-vous au Seigneur, en le servant.

Mettez-vous en sa présence, avec de grands témoignages de joie.

Apprenez que le Seigneur est le Dieu qui nous a faits, et que nous ne nous sommes pas faits de nous-mêmes.

Nous avons l'honneur d'être son peuple et les brebis de sa bergerie : entrez donc dans son temple; occupez ses parvis, en lui rendant des grâces publiques, solennelles.

Bénissez son Nom, car le Seigneur est doux et débonnaire : sa miséricorde n'a point de bornes, et sa vérité, qui est éternelle, passera de génération en génération.

Gloire soit au Père, etc.

Pseaume 26.

Mon Dieu, mon Dieu, je m'occupe à méditer votre grandeur, dès qu'il est jour.

Mon ame soupire sans cesse après vous; ma chair souhaite ardemment de vous posséder.

Dans une terre étrangère, qui est dépourvue d'eau et de chemin, je vous contemple comme dans un sanctuaire, pour tâcher de découvrir quelques rayons de votre gloire.

Parce que votre miséricorde est beaucoup plus aimable que la vie, mes lèvres vous loueront incessamment.

Ainsi, je vous bénirai toute ma vie, et je leverai mes mains au Ciel, en invoquant votre saint Nom.

Mon ame étant spirituellement pleine d'une graisse et d'un suc fort exquis, ma bouche ne servira qu'à vous louer, et mes lèvres que pour vous témoigner ma joie.

Si pendant la nuit je me suis souvenu de vos bienfaits, lorsque j'ai été en repos dans mon lit, je recueillerai encore mieux mes sens vers le matin, pour vous en remercier, car vous êtes mon protecteur.

Alors je m'égaierai à l'ombre de vos ailes ; mon ame soupire incessamment après vous ; votre main m'a reçu sous sa sauve-garde.

Si bien que ceux qui ont tâché de m'ôter la vie périront eux-mêmes; car ils seront engloutis au profond de la terre, passés par le fil de l'épée, et abandonnés en proie aux renards.

Mais le Roi se réjouira en Dieu : ses serviteurs qui le craignent, seront honorés ; et la bouche des médisans sera mise en tel état, qu'elle ne proférera plus de mensonges.

Gloire soit au Père, etc. Ainsi soit-il.

Prière a son Patron.

J'ai recours à vous, grand Saint, que l'Eglise m'a donné pour Patron, et qu'elle m'ordonne de regarder comme mon protecteur. Je m'adresse à vous avec confiance. Je désire être votre imitateur. Je veux me conduire suivant les exemples que vous m'avez donnés. Obtenez-moi, ô mon Patron, la grâce de remplir tous les engagemens de mon baptême, de vivre en parfait Chrétien, de me préparer à la mort, et de ne jamais rien faire qui déshonore un nom qui ne me vient que de vous, et qui est déjà écrit dans le Ciel.

Prière pour demander à Dieu la grâce de bien employer le tems.

O mon Dieu, que j'ai tant offensé par la perte que j'ai faite, depuis que je suis au monde, du tems destiné à la pratique des bonnes œuvres, pour ma sanctification et pour l'édification du prochain, et que j'ai consommé au contraire dans la recherche des choses mondaines et passagères, ne permettez pas que j'en abuse plus long-tems; accordez-moi la grâce que le souvenir du compte que je dois en rendre, me fasse employer utilement pour mon salut celui qui me reste à vivre sur la terre, afin que je puisse, au nom et par les mérites de Jésus-Christ, acquérir, par une continuelle application sur mes devoirs, cette vie éternelle, pour laquelle vous nous avez créés.

Prière au bon Ange.

Mon bon Ange, continuez, s'il vous plaît, vos charitables soins; inspirez-moi la volonté de Dieu en toutes les œuvres de cette journée, et me conduisez dans les voies de mon salut.

TESTAMENT

DE S. M. LOUIS XVI,

ROI DE FRANCE.

Au nom de la très-sainte Trinité, du Père et du Fils et du Saint-Esprit. Aujourd'hui, vingt-cinquième jour de Décembre mil sept cent quatre-vingt-douze, moi, Louis XVI du nom, roi de France, étant depuis plus de quatre mois renfermé avec ma famille dans la tour du Temple, à Paris, par ceux qui étaient mes sujets, et privé de toute communication quelconque, même depuis le onze du courant, avec ma famille; de plus, impliqué dans un procès dont il est impossible de prévoir l'issue, à cause des passions des hommes, et dont on ne trouve aucun prétexte ni moyens dans aucune loi existante; n'ayant que Dieu pour témoin de mes pensées, et auquel je puisse m'adresser, je déclare ici, en sa présence, mes dernières volontés et mes sentimens. — Je laisse mon ame à Dieu, mon créateur; je le prie de la recevoir dans sa miséricorde, de ne pas la juger d'après ses mérites, mais par ceux de Notre-Seigneur Jésus-Christ, qui s'est offert en sacrifice à Dieu, son père, pour nous autres hommes, quelqu'indignes que nous en fussions, et moi le premier. — Je meurs dans l'union de notre sainte mère l'Église catholique, apostolique et romaine, qui tient ses pouvoirs par une succession non interrompue de Saint Pierre, auquel Jésus-Christ les avait confiés. — Je crois fermement et je confesse tout ce qui est contenu dans le symbole et les commandemens de Dieu et de l'Église, les sacremens et les mystères, tels que l'Église catholique les enseigne et les a toujours enseignés. Je n'ai jamais prétendu me rendre juge dans les différentes manières d'expliquer les dogmes qui déchirent l'Église de Jésus-Christ; mais je m'en suis rapporté et rapporterai toujours, si Dieu m'accorde vie, aux décisions que les supérieurs ecclésiastiques, unis à la sainte Église catholique, donnent et donneront conformément à la discipline de l'Église, suivie depuis Jésus-Christ Je plains de tout mon cœur nos frères qui peuvent être dans l'erreur; mais je ne prétends pas les juger, et je ne les aime pas moins tous en Jésus-Christ, suivant ce que la charité chrétienne nous enseigne. Je prie Dieu de me pardonner tous mes péchés; j'ai cherché à les connaître scrupuleusement, à les détester, et à m'humilier en sa présence. Ne pouvant me servir du ministère d'un Prêtre catholique, je prie Dieu de recevoir la confession que je lui en ai faite, et surtout le repentir profond que j'ai d'avoir mis mon nom (quoique cela fût contre ma volonté) à des actes qui peuvent être contraires à la discipline et à la croyance de l'Église catholique, à laquelle je suis toujours resté sincèrement uni de cœur. Je prie Dieu de recevoir la ferme résolution où je suis, s'il m'accorde vie, de me servir, aussitôt que je le pourrai, du ministère d'un Prêtre catholique, pour m'accuser de tous mes péchés et recevoir le sacrement de pénitence. — Je prie tous ceux que je pourrais avoir offensés par inadvertance (car je ne me rappelle pas avoir fait sciemment aucune offense à personne), ou ceux à qui j'aurais pu avoir donné de mauvais exemples ou des scandales, de me pardonner le mal qu'ils croient que je peux leur avoir fait; je prie tous ceux qui ont de la charité, d'unir leurs prières aux miennes, pour obtenir de Dieu le pardon de mes péchés. — Je pardonne de tout mon cœur à ceux qui se sont faits mes ennemis, sans que je leur en aie donné aucun sujet;

et je prie Dieu de leur pardonner, de même qu'à ceux qui, par un faux zèle ou par un zèle mal entendu, m'ont fait beaucoup de mal. — Je recommande à Dieu ma femme et mes enfans, ma sœur, mes tantes, mes frères et tous ceux qui me sont attachés par le lien du sang ou par quelque autre manière que ce puisse être ; je prie Dieu particulièrement de jeter des yeux de miséricorde sur ma femme, mes enfans et ma sœur, qui souffrent depuis long-temps avec moi ; de les soutenir par sa grâce, s'ils viennent à me perdre, et tant qu'ils resteront dans ce monde périssable. — Je recommande mes enfans à ma femme ; je n'ai jamais douté de sa tendresse maternelle pour eux ; je lui recommande sur-tout d'en faire de bons chrétiens et d'honnêtes hommes, de ne leur faire regarder les grandeurs de ce monde-ci (s'ils sont condamnés à les éprouver) que comme des biens dangereux et périssables, et de tourner leurs regards vers la seule gloire solide et durable de l'éternité ; je prie ma sœur de vouloir continuer sa tendresse à mes enfans, et de leur tenir lieu de mère, s'ils avaient le malheur de perdre la leur. — Je prie ma femme de me pardonner tous les maux qu'elle souffre pour moi, et les chagrins que je pourrais lui avoir donnés dans le cours de notre union, comme elle peut être sûre que je ne garde rien contre elle, si elle croyait avoir quelque chose à se reprocher. — Je recommande bien vivement à mes enfans, après ce qu'ils doivent à Dieu, qui doit marcher avant tout, de rester toujours unis entre eux, soumis et obéissans à leur mère, et reconnaissans de tous les soins et les peines qu'elle se donne pour eux et en mémoire de moi. Je les prie de regarder ma sœur comme une seconde mère. — Je recommande à mon fils, s'il avait le malheur de devenir Roi, de songer qu'il se doit tout entier au bonheur de ses concitoyens ; qu'il doit oublier toute haine et tout ressentiment, et nommément ce qui a rapport aux malheurs et chagrins que j'éprouve ; qu'il ne peut faire le bonheur des peuples qu'en régnant suivant les lois ; mais en même temps, qu'un Roi ne peut les faire respecter et faire le bien qui est dans son cœur, qu'autant qu'il a l'autorité nécessaire; et qu'autrement, étant lié dans ses opérations et n'inspirant point de respect, il est plus nuisible qu'utile. — Je recommande à mon fils d'avoir soin de toutes les personnes qui m'étaient attachées, autant que les circonstances où il se trouvera lui en donneront les facultés; de songer que c'est une dette sacrée que j'ai contractée envers les enfans ou les parens de ceux qui ont péri pour moi, et ensuite de ceux qui sont malheureux pour moi. — Je sais qu'il y a plusieurs personnes de celles qui m'étaient attachées qui ne se sont pas conduites envers moi comme elles le devaient, et qui ont même montré de l'ingratitude; mais je leur pardonne (souvent dans les momens de troubles et d'effervescence on n'est pas le maître de soi), et je prie mon fils, s'il en trouve l'occasion, de ne songer qu'à leur malheur. — Je voudrais pouvoir témoigner ici ma reconnaissance à ceux qui m'ont montré un attachement véritable et désintéressé: d'un côté si j'ai été sensiblement touché de l'ingratitude et de la déloyauté de gens à qui je n'avais jamais témoigné que des bontés à eux ou à leurs parens ou amis; de l'autre, j'ai eu de la consolation de voir l'attachement et l'intérêt gratuits que beaucoup de personnes m'ont montré; je les prie d'en recevoir tous mes remercîmens. Dans la situation où sont encore les choses, je craindrais de les compromettre si je parlais plus explicitement; mais je recommande spécialement à mon fils de chercher les occasions de pouvoir les reconnaître. — Je croirais calomnier cependant les sentimens de la Nation, si je ne recommandais ouvertement à mon fils MM. de *Chamylly* et *Huë*, que leur véritable attachement pour moi avait portés à s'enfermer avec moi dans ce triste séjour, et qui ont pensé en être les malheureuses victimes. Je lui recommande aussi *Cléry*, des soins duquel j'ai tout lieu de me louer depuis qu'il est avec moi; comme c'est lui qui est resté avec moi jusqu'à la fin, je prie MM. de la commune de lui remettre mes hardes, mes livres, ma montre, ma bourse et les autres petits effets qui ont été déposés au conseil de la commune. — Je pardonne encore très-volontiers, à ceux qui me gardaient, les mauvais traitemens et les gênes dont ils ont cru devoir user envers moi : j'ai trouvé quelques ames sensibles et compatissantes; que celles-là jouissent dans leurs cœurs de la tranquillité que doit leur donner leur façon de penser ! — Je prie MM. *de Malesherbes, Tronchet* et *de Sèze* de recevoir ici mes remercîmens et l'expression de ma sensibilité pour tous les soins et les peines qu'ils se sont donnés pour moi. — Je finis en déclarant devant Dieu, et prêt à paraître devant lui, que je ne me reproche aucun des crimes qui sont avancés contre moi. — Fait double, à la tour du Temple, le vingt-cinq Décembre mil sept cent quatre-vingt-douze.

Signé LOUIS.

TESTAMENT
DE MARIE-ANTOINETTE,
REINE DE FRANCE.

Ce 16 octobre 1793, à quatre heures et demie du matin.

C'EST à vous, ma sœur, que j'écris pour la dernière fois : je viens d'être condamnée non pas à une mort honteuse, elle ne l'est que pour les criminels, mais à aller rejoindre votre frère ; comme lui innocente, j'espère montrer la même fermeté que lui dans ces derniers momens. Je suis calme comme on l'est quand la conscience ne reproche rien. J'ai un profond regret d'abandonner mes pauvres enfans ; vous savez que je n'existais que pour eux ; et vous, ma bonne et tendre sœur, vous qui avez par votre amitié tout sacrifié pour être avec nous, dans quelle position je vous laisse ! J'ai appris par le plaidoyer même du procès que ma fille était séparée de vous ; hélas ! la pauvre enfant, je n'ose pas lui écrire, elle ne recevrait pas ma lettre, je ne sais même pas si celle-ci vous parviendra ; recevez pour eux deux ici ma bénédiction. J'espère qu'un jour, lorsqu'ils seront plus grands, ils pourront se réunir avec vous, et jouir en entier de vos tendres soins. Qu'ils pensent tous deux à ce que je n'ai cessé de leur inspirer, que les principes, et l'exécution exacte de ses devoirs sont la première base de la vie ; que leur amitié et leur confiance mutuelle en feront le bonheur : que ma fille sente qu'à l'âge qu'elle a, elle doit toujours aider son frère par les conseils que l'expérience qu'elle aura de plus que lui et son amitié pourront lui inspirer : que mon fils, à son tour, rende à sa sœur tous les soins, les services que l'amitié peut inspirer ; qu'ils sentent enfin tous deux que dans quelque position où ils pourront se trouver, ils ne seront vraiment heureux que par leur union. Qu'ils prennent exemple de nous ; combien dans nos malheurs notre amitié nous a donné de consolation ! et dans le bonheur on jouit doublement quand l'on peut le partager avec un ami; et où en trouver de plus tendre, de plus cher que dans sa propre famille? Que mon fils n'oublie jamais les derniers mots de son père, que je lui répète expressément, qu'il ne cherche jamais à venger notre mort! J'ai à vous parler d'une chose bien pénible à mon cœur. Je sais combien cet enfant doit vous avoir fait de la peine; pardonnez-lui, ma chère sœur; pensez à l'âge qu'il a, et combien il est facile de faire dire à un enfant ce qu'on veut, et même ce qu'il ne comprend pas; un jour viendra, j'espère, où il ne sentira que mieux tout le prix de vos bontés et de votre tendresse pour tous deux. Il me reste à vous confier encore mes dernières pensées : j'aurais voulu les écrire, dès le commencement du procès; mais, outre qu'on ne me laissait pas écrire, la marche en a été si rapide, que je n'en aurais réellement pas eu le temps. — Je meurs dans la religion catholique, apostolique et romaine, dans celle de mes pères, dans celle où j'ai été élevée, et que j'ai toujours professée, n'ayant aucune consolation spirituelle à attendre, ne sachant pas s'il existe encore ici des prêtres de cette religion, et même le lieu où je suis les exposerait trop, s'ils y entraient une fois. Je demande sincèrement pardon à Dieu de toutes les fautes que j'ai pu commettre depuis que j'existe. J'espère que dans sa bonté il voudra bien recevoir mes derniers vœux, ainsi que ceux que je fais depuis long-temps pour qu'il veuille bien recevoir mon ame dans sa miséricorde et sa bonté. Je demande pardon à tous ceux que je connais, et à vous, ma sœur, en particulier, de toutes les peines que, sans le vouloir, j'aurais pu vous causer. Je pardonne à tous mes ennemis le mal qu'ils m'ont fait. Je dis ici adieu à mes tantes et à tous mes frères et sœurs. J'avais des amis; l'idée d'en être séparée pour jamais et leurs peines sont un des plus grands regrets que j'emporte en mourant; qu'ils sachent, du moins, que, jusqu'à mon dernier moment, j'ai pensé à eux. Adieu, ma bonne et tendre sœur; puisse cette lettre vous arriver! Pensez toujours à moi : je vous embrasse de tout mon cœur, ainsi que ces pauvres et chers enfans. Mon Dieu! qu'il est déchirant de les quitter pour toujours! Adieu! adieu! je ne vais plus m'occuper que de mes devoirs spirituels. Comme je ne suis pas libre dans mes actions, on m'amenera peut-être, un prêtre; mais je proteste ici que je ne lui dirai pas un mot, et que je le traiterai comme un être absolument étranger.

TABLE DE MULTIPLICATION.

2 fois 2 font 4	5 fois 9 font 45
2 fois 3 font 6	5 fois 10 font 50
2 fois 4 font 8	5 fois 11 font 55
2 fois 5 font 10	5 fois 12 font 60
2 fois 6 font 12	
2 fois 7 font 14	6 fois 6 font 36
2 fois 8 font 16	6 fois 7 font 42
2 fois 9 font 18	6 fois 8 font 48
2 fois 10 font 20	6 fois 9 font 54
2 fois 11 font 22	6 fois 10 font 60
2 fois 12 font 24	6 fois 11 font 66
	6 fois 12 font 72
3 fois 3 font 9	
3 fois 4 font 12	7 fois 7 font 49
3 fois 5 font 15	7 fois 8 font 56
3 fois 6 font 18	7 fois 9 font 63
3 fois 7 font 21	7 fois 10 font 70
3 fois 8 font 24	7 fois 11 font 77
3 fois 9 font 27	7 fois 12 font 84
3 fois 10 font 30	
3 fois 11 font 33	8 fois 8 font 64
3 fois 12 font 36	8 fois 9 font 72
	8 fois 10 font 80
4 fois 4 font 16	8 fois 11 font 88
4 fois 5 font 20	8 fois 12 font 96
4 fois 6 font 24	
4 fois 7 font 28	9 fois 9 font 81
4 fois 8 font 32	9 fois 10 font 90
4 fois 9 font 36	9 fois 11 font 99
4 fois 10 font 40	9 fois 12 font 108
4 fois 11 font 44	
4 fois 12 font 48	10 fois 10 font 100
	10 fois 11 font 110
	10 fois 12 font 120
5 fois 5 font 25	
5 fois 6 font 30	11 fois 11 font 121
5 fois 7 font 35	11 fois 12 font 132
5 fois 8 font 40	12 fois 12 font 144

www.ingramcontent.com/pod-product-compliance
Lightning Source LLC
LaVergne TN
LVHW051511090426
835512LV00010B/2475